Lugares

por Mary Katherine Tate

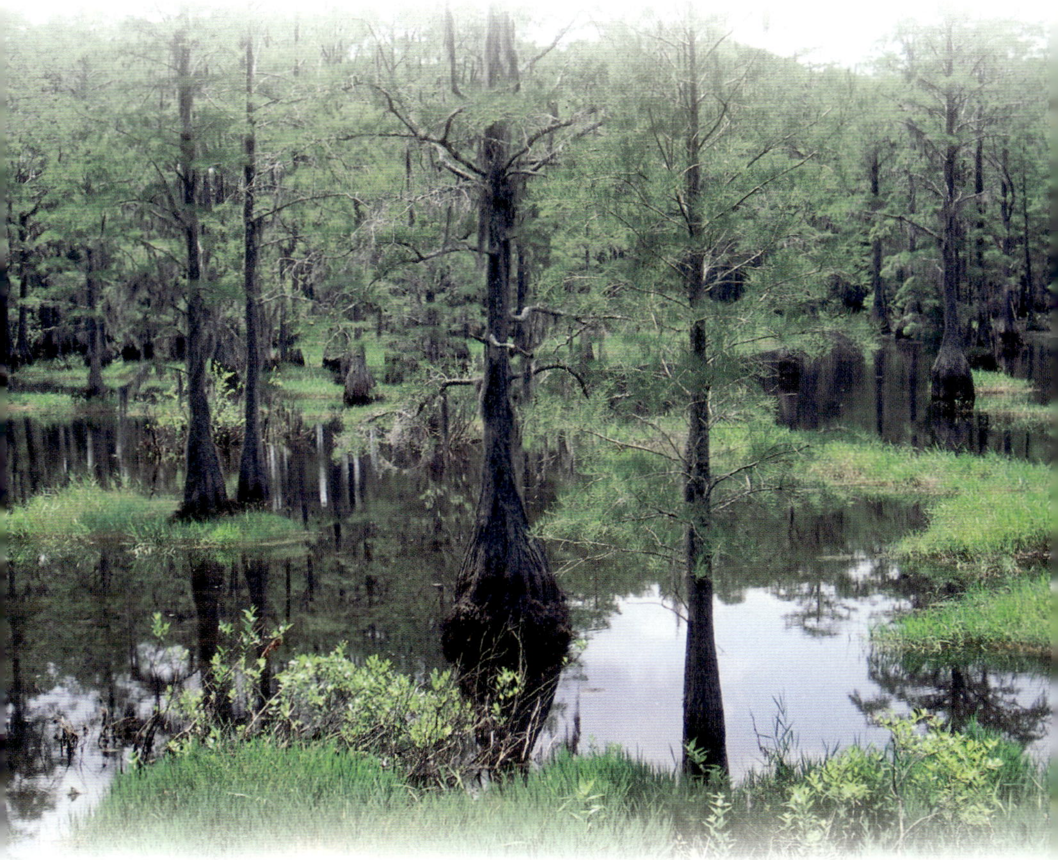

Hábitats

Cada planta y animal necesita un lugar donde vivir. Un **hábitat** es el lugar donde viven las plantas y los animales.

bosque

mar

pastizal

humedal

desierto

En un hábitat hay aire. Hay agua y alimento. Algunos animales y plantas encuentran albergue en un hábitat.

Hay diferentes tipos de hábitats. Algunos hábitats están en la tierra. Otros hábitats están en el agua.

Los bosques

Un bosque en vera[no]

Un **bosque** es un hábitat de tierra. En un bosque hay muchos árboles. Los bosques tienen lo que algunas plantas y animales necesitan.

Un bosque en invierno

Los bosques cambian

Un hábitat puede cambiar. Algunos hábitats cambian en las diferentes estaciones del año.

Algunas plantas de bosque reciben mucha luz del Sol en el verano. En el invierno reciben menos luz.

Los humedales

Un humedal en verano

Un **humedal** es un hábitat cubierto de agua. Los humedales tienen lo que algunas plantas y animales necesitan.

Un humedal en invierno

Los humedales cambian

Los humedales también cambian en las diferentes estaciones del año. Los humedales de las fotos reciben mucha lluvia en el verano. Allí llueve menos en el invierno.

El mar

El mar es un hábitat de agua. Tiene agua salada. Es grande y profundo. El mar tiene lo que algunas plantas y animales necesitan.

Los desiertos

Un **desierto** es un hábitat de tierra. Es muy seco. Recibe poca lluvia. Los desiertos tienen lo que algunas plantas y animales necesitan.

rata canguro

Vivir en hábitats

Las plantas y los animales encuentran maneras de vivir en sus hábitats. Los seres vivos del desierto no necesitan mucha agua. Pueden vivir en lugares secos y arenosos. Algunas ratas del desierto pueden pasar mucho tiempo sin beber agua. Obtienen agua de las semillas. Algunas plantas crecen en la arena.

Los pastizales

Un pastizal es un hábitat de tierra. En todo el mundo hay pastizales. Algunas plantas y animales encuentran lo que necesitan en los pastizales.

Las praderas son un tipo de pastizal. En las praderas hay hierbas altas y otros tipos de plantas.

Un pastizal en verano

Un pastizal en invierno

Los pastizales cambian

Los pastizales cambian en las diferentes estaciones del año.

En el verano hace calor en las praderas. En el invierno hace frío.

bisontes

Vivir en los pastizales

Los pastizales son muy grandes. Tienen pocos árboles. Los animales grandes no encuentran albergue allí. Algunos animales no lo necesitan.

Algunos animales de las praderas viven en grupos. Así se protegen.

Algunas hierbas de los pastizales toman agua que hay bajo tierra. Cuando el tiempo es muy seco sólo toman el agua que necesitan.

Lugares diferentes

Hay muchos hábitats diferentes. Distintas plantas y animales viven en hábitats diferentes. Cada hábitat tiene lo que cada planta y animal necesita.

Glosario

bosque un hábitat donde hay muchos árboles y plantas

desierto un hábitat muy seco

hábitat el lugar donde viven las plantas y los animales

mar un hábitat que tiene agua salada

humedal un hábitat que está cubierto de agua